El tesoro de Punta Risco

Escrito por Gretchen Brassington

Ilustrado por Bert Jackson

🇵 Dominie Press, Inc.

Director General: Raymond Yuen
Editor Ejecutivo: Carlos A. Byfield
Diseñador: Greg DiGenti
Ilustrador: Bert Jackson

Derechos de autor del texto © 2003 Gretchen Brassington
Derechos de autor de las ilustraciones © 2003 Dominie Press, Inc.

Derechos reservados. La reproducción o transmisión total
o parcial de esta obra, sea por medio electrónico, mecánico,
fotocopia, cinta magnetofónica u otro sin el consentimiento
expreso de los propietarios del copyright está prohibida al
amparo de la legislación de derechos de autor.

Publicado por:

Dominie Press, Inc.

1949 Kellogg Avenue
Carlsbad, California 92008 EE.UU.

www.dominie.com

1-800-232-4570

Cubierta de cartón ISBN 0-7685-2804-6
Impreso en Singapur por PH Productions Pte Ltd
1 2 3 4 5 6 PH 05 04 03

Contenido

Capítulo 1
Punta Risco 5

Capítulo 2
No te acerques al borde 10

Capítulo 3
Un matraqueo de piedras 14

Capítulo 4
El saco 18

Capítulo 5
No es fácil tener aventuras 21

Capítulo 1
Punta Risco

—José —dijo Samuel. Él miraba por el costado de la litera de arriba.

Pepe también miraba, con las orejas caídas. Ladró suavemente.

José miró hacia arriba desde la litera de abajo. —Sabes que no se te permite tener ese perro en la cama contigo —gruñó—. Duérmete.

—¡Eh, José! —Samuel era insistente—. Vayámonos. No debemos desperdiciar ni un minuto de estas vacaciones. Vayámonos a explorar ahora mismo.

—¿Explorar qué? —murmuró José—. Son las seis de la mañana.

—No sé. Algo que nadie más conoce. Algo que ni nosotros conocemos. Por eso se dice explorar.

José abrió los ojos. —Samuel, venimos aquí cada año. He andado por toda esta ensenada, lo mismo que tú. No hay nada por aquí que no conocemos.

—Uno nunca sabe —dijo Samuel—. Hay muchos lugares que nunca hemos visto.

José sabía lo que significaba eso. Algunos lugares de la ensenada les estaban prohibidos.

José siempre había sido curioso, pero nunca iba a los lugares que le prohibían.

Pero las vacaciones habían sido

aburridas hasta el momento.

—Bajemos las gradas y te diré lo que tengo en mente —dijo Samuel.

—¡Oh! Está bien —dijo José.

Los muchachos bajaron a Pepe de la litera superior sin despertar a sus papás.

En la cocina, José hizo pan tostado, y Samuel lo cubrió de dulce de chocolate. Samuel se lamió los dedos cuando terminó.

José salió a disfrutar del sol de la mañana con su pedacito de pan tostado.

—¿Dónde quieres comenzar a explorar, Samuel?

Samuel apuntó hacia una trocha que se serpenteaba hacia la empinada cima.

—¡Allá, en Punta Risco!

José suspiró. —Sabes que no se nos permite ir ahí. Los riscos son peligrosos.

—Podemos mantenernos alejados de los riscos. Además, es uno de los lugares que no hemos visto.

—¡Oh! Está bien.

Salieron a explorar. Pepe salió disparado al campo y corrió alrededor de ellos.

José agarró el collar de Pepe cuando pasó correteando. —¡Deja de perseguir esas mariposas, Pepe! ¡No debes comerlas!

Capítulo 2
No te acerques al borde

Pepe y Samuel subieron rápidamente por la trocha. José les siguió, pero pronto Samuel se les adelantó.

Pepe persiguió algo por la hierba alta cerca del camino.

—No te apures, Samuel —gritó José—.

¡Y no permitas que Pepe coma nada!

Samuel agitó el brazo y siguió corriendo. José siguió subiendo hasta que se cansó. La cuesta era más empinada.

Para cuando llegó a la cima, José estaba listo para dejarse caer al suelo y descansar.

Samuel ya estaba sentado en la hierba, bien alejado del borde del risco.

—¡Mira el océano desde aquí! Estamos a tanta elevación que parece que estuviera frunciendo el ceño —dijo Samuel riéndose.

Pepe estaba sentado entre las rodillas de Samuel, observando a dos gaviotas que jugaban a perseguirse, volando sobre el risco.

Una de las gaviotas se abalanzó y aterrizó suavemente cerca de la cima del risco. Pepe saltó de entre las rodillas de Samuel.

Samuel gritó: —¡Pepe! ¡Regresa! José también gritó: —¡Pepe! ¡No!

La gaviota se alejó volando, pero Pepe todavía la perseguía.

Pepe aulló, y después desapareció por el borde del risco.

Samuel corrió hacia el borde del risco.

—No, Samuel —dijo jadeando José—. ¡No te acerques al borde!

—Entonces sostenme por los tobillos —gritó Samuel, y se tiró extendido sobre el suelo cerca del borde del risco.

José se agarró de los tobillos de Samuel.

Samuel miró por el borde, pero no había ni señal de Pepe en el revoltijo de maleza y rocas que llegaban hasta el océano abajo.

Capítulo 3

Un matraqueo de piedras

—¡Suéltame! —le gritó Samuel a José—. Tengo que llegar hasta abajo.

—De ninguna manera —dijo José.

Samuel estaba acostado en la hierba en la cima del risco. —Te encontraré, Pepe —dijo.

Miró hacia atrás. —¡José! ¿Qué es eso que está detrás de ti? José se viró rápidamente. Soltó los pies de Samuel sin pensarlo.

Samuel se escurrió por el borde del risco y comenzó a bajar por las rocas.

—¡Samuel, no! —gritó José. Y después dijo con enojo: —¡Samuel, regresa en este instante! Pero Samuel continuó escurriéndose.

José también comenzó a bajar por el risco.

—No —le gritó desde abajo Samuel—.

Tú quédate ahí. Entonces puedes buscar ayuda si la necesito.

José observó a Samuel ansiosamente.

Samuel bajó apoyando los pies en las rocas. Entonces una de las rocas cedió, y él comenzó a deslizarse por el risco en un matraqueo de piedras.

El corazón de José palpitó más rápido. Samuel desapareció.

—¡Uf! —escuchó José, y— ¡Huy!

—¿Estás bien? —preguntó José. Samuel señaló con la mano.

—Estoy bien —escuchó.

Durante mucho tiempo, José no podía ver a Samuel. Después salió de entre un claro entre las rocas, con Pepe debajo del brazo.

—Sube ahora —dijo José—. Con cuidado.

—En un minuto. La voz de Samuel se oía tenuemente arriba. Puso a Pepe en el suelo y entonces desapareció detrás de unos matorrales.

—¡Eh! —gritó José—. ¿Adónde vas ahora?

José vio que Samuel subía de nuevo, esta vez con Pepe y también con un saco de tela de apariencia rara.

Capítulo 4
El saco

Samuel subió con Pepe bajo el brazo, halando un saco detrás. José contenía el aliento cada vez que el pie de Samuel resbalaba y se oía el matraqueo de piedras que caían al mar debajo.

Samuel sabía que José estaba preocupado.

—Estoy bien —gritó hacia arriba—. No me observes.

—Tengo que vigilarte —dijo José. Mientras Samuel se acercaba a la cima, José se inclinó hacia abajo y agarró a Pepe. Entonces ayudó a José a subir hasta la hierba. Todos se sentaron por un momento, jadeando.

—Hay algo pesado... en el saco —dijo jadeando Samuel—. Pepe lo encontró... en una cueva.

José abrió el saco y lo vació.

Del saco salió una pila de pedazos de metal sucio. Eran planos y redondos, algunos tan corroídos, que tenían huecos. Samuel parecía desilusionado, pero José sonrió y recogió uno de los pedazos de metal. Lo escupió, lo raspó con la uña y lo frotó en sus shorts.

—Estas parecen monedas de oro —dijo José—. Creo que has encontrado un viejo tesoro de piratas.

Capítulo 5
No es fácil tener aventuras

—¡Ea! —Samuel se puso de pie de un salto y recogió dos puñados de monedas—. Podremos comprar un bote —gritó—. ¿Sabes cuántas cuevas hay en estos riscos?

Los muchachos escucharon que alguien subía por la trocha y los llamaba. Eran su mamá y su papá, y se oían enojados.

Samuel alzó a Pepe y fue a pararse junto a José.

—¿Crees que este tesoro de piratas evitará que mamá y papá nos regañen por haber venido hasta aquí? —preguntó con una vocecita.

—No —dijo José—. Y dirán que esto demuestra que somos demasiado jóvenes para tener un bote propio, Samuel.

—¿Crees que nos permitirán quedarnos con el tesoro? —preguntó Samuel.

—No lo creo. Probablemente el tesoro debería estar en un museo en alguna parte. Pero tal vez el museo nos de una recompensa por encontrarlo y entregarlo.

Samuel asintió con la cabeza. —Supongo que tendremos que guardar lo que nos den en una cuenta de ahorros o algo así.

—Si mamá y papá nos permiten quedarnos con algo —dijo José.

—No es fácil tener aventuras cuando los padres están cerca —dijo Samuel.